思いっきり笑える！

シニアの笑顔ストレッチ&体ほぐし体操40

付・新聞紙体操10

楽しい体操インストラクター
斎藤道雄 著

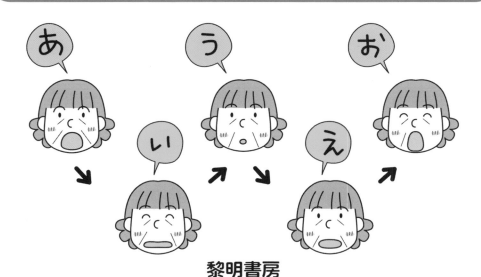

あ　う　お
い　え

黎明書房

はじめに

笑顔ストレッチで脱マスク老け！

　この本は，長いマスク生活で，顔や口のまわりの筋肉（表情筋）がおとろえ，若々しさが失われてしまったシニアと支援者（おうちの方）が，いっしょに，楽しく，脱マスク老け！　の体操をするための本です。もちろん，シニアおひとりでもできます。

　詳しくご説明します。

「マスク老け」
という言葉があります。

「えーっ！　マスクをしてると老けてしまうの?!」

そうなんです！
コロナでずうーっとマスクをつけっぱなしの生活でした。

マスクで口の周りの筋肉が衰える。
口の周りの筋肉が衰えると，顔の筋肉がこわばってしまう。
顔の筋肉がこわばってしまうと，表情が乏しくなる。
（とうぜん，笑顔も作りにくくなります）

表情が乏しくなると，若々しさが失われる。
これが，「マスク老け」です。

マスクをつける
↓
口の周りの筋肉が衰える
↓
顔の筋肉がこわばる

↓
表情が乏しくなる（笑顔もなくなる）
↓
マスク老けになってしまう！
ということです。

確かに。
実際にボクの現場でも，そう感じることがあります。
体操終了後にする水分補給時。
マスクを外したシニアの顔は，なんとなく口周りの動きが鈍いようです。

ということで，この本のテーマは，ズバリこれ。

「笑顔ストレッチ」

マスクでこわばってしまった顔の筋肉をほぐします。
さらに，運動不足でこわばってしまった体の筋肉もほぐします。
おまけに，身近な道具で，楽しくて，かんたんにできる体操として，新聞紙を使った体操をご紹介します。

「笑顔ストレッチ」，「体ほぐし体操」に，「新聞紙体操」
「楽しくて」，「かんたんに」，「誰にでもできる」。

ちょっと欲張りな，いえ，かなり欲張りな体操の本です。

おうちで，介護施設で，シニアも，支援者も，楽しく体を動かしてください！

この本の 10 の特長

1　顔や体をほぐす
マスクでこわばった顔や体の筋肉をほぐして，鍛えます。

2　体操が楽しくなる
楽しさを最優先した体操です。

3　準備なしでできる
道具，準備一切不要です。

4　座っても（立っても）できる
心身レベルに合わせて，立っても座っても，どちらでも体操が出来ます。

5　3行ですぐにわかる
体操の説明は，たったの3行だけ。簡潔でわかりやすい説明です。

6　かんたんにできる
腕を曲げ伸ばししたり，足ぶみしたりするような，シニアにもかんたんにできる動作です。

7　レクや体操に役立つ
デイサービスや介護施設のレクや体操に超おススメです！

8　要介護シニアにもできる
自立から要介護レベルのシニアまで，かんたんに楽しんでできる体操です。

9　ひとりからでもできる
シニアおひとりさまにも活用できます。

10　やる気を引き出す
楽しくて，思わず体を動かしたくなる体操です。

この本の使い方

①　はじめにおススメの体操をしましょう！

↓

②　ほかの体操にもトライしましょう！

↓

③　お気に入りの体操があれば，おススメの体操と入れ替えましょう！

朝の おススメ体操	㉚　なりきりバレーボール ↓ 39 ページ	10回 繰り返す
昼の おススメ体操	⑫　顔面伸ばし ↓ 20 ページ	4回 繰り返す
夜の おススメ体操	㉑　おしゃれ体操 ↓ 30 ページ	

も　く　じ

I　笑顔ストレッチ

Ⅱ　体ほぐし体操

 付 新聞紙体操 10

① ブルドッグ

両手でほほを引き下げて，思い切ってブルドッグの顔にしちゃいましょう！

❘ ねらい　ときめき　　(口周りの筋肉をほぐす)　(顔の血行促進)

楽しみかた

① 両手でほほをはさみます。
② ブルドッグのように両手でほほを引き下げましょう！
③ 元に戻します。同様にして，４回繰り返します。

４回繰り返す

みちお先生のケアポイント

・反対の動作（両手でほっぺたを引き上げる）も入れると効果的です。

笑いのテクニック
・支援者はシニアと向かい合って，にらめっこ感覚で，どうぞ！

② 顔マッサージ

手のひらで顔全体をパタパタと軽くたたきましょう！

ねらい
とききめ 〔 顔の血行促進 〕

楽しみかた

① 軽く目を閉じます。
② 両手（手のひら）で，顔全体をまんべんなくたたきましょう！
③ 2回繰り返します。

顔全体をまんべんなく

2回繰り返す

みちお先生のケアポイント

・心地よい力加減でたたきましょう！

笑いのテクニック
・最後に，自分の中で一番いい顔をして終わりましょう！

③ 突き出して伸ばして

唇を突き出したり，鼻の下を長く伸ばしたりしましょう！

ねらい
とききめ 　（口腔機能維持）

楽しみかた

① 口をとがらせるようにして，唇を突き出します。
② 元に戻して，鼻の下を長く伸ばします。
③ 一休みして，４回繰り返します。

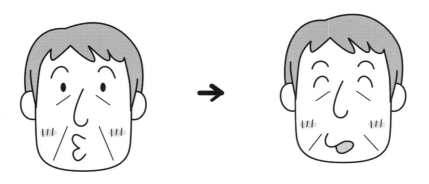

４回繰り返す

みちお先生のケアポイント

・ゆっくりとていねいに大げさにするとききめがアップします！

笑いのテクニック
・にらめっこのようにして，「笑ったら負け」とすると盛り上がります！

④ おさるさんの顔体操

おさるさんになったつもりで，できる限り口を横にひらいてみましょう！

ねらい
とききめ　□腔機能維持

楽しみかた

① 片手を頭の上に乗せて，反対の手であごをさわります。
② できるかぎり口を横にひらきましょう！
③ 一休みして，４回繰り返します。

い

４回繰り返す

みちお先生のケアポイント

・「いーーー」と声に出してすると，かんたんです。

笑いのテクニック
・おさるさんのものマネをするつもりで，楽しんでどうぞ！

⑤ 顔ヂカラ

目を閉じて，顔に力を入れてみましょう！

| ねらい
とききめ | 顔の緊張をほぐす |

楽しみかた

① 目を閉じます。
② 顔全体にぎゅーっと力を入れます。
③ 目をあけて脱力します。４回繰り返します。

ぎゅーーーっ

４回繰り返す

みちお先生のケアポイント

・目を閉じて，まぶたに力を入れるだけでもオッケーです。

笑いのテクニック
・最後はにっこり笑って終わると楽しいです！

❻ レロレロ体操

「レロ・レロ……」と口を大きくあけて発音しましょう！

ねらい
とききめ　　□腔機能維持

楽しみかた

① 腕と肩の力を抜いてリラックスします。
② 口を大きくあけて，「レロ・レロ……」と 10 回繰り返しましょう！
③ 一休みして，4 回繰り返します。

レロ・レロ・
レロ・レロ・
レロ・レロ・
レロ・レロ・
レロ・レロ

4回
繰り返す

みちお先生のケアポイント

・ゆっくりとていねいに，なるべく口を大きく動かしましょう！

笑いのテクニック
・徐々にスピードアップして，つっかえたりするのも笑いになります！

⑦ びっくり体操

驚きの表情で「えーーーっ！」と発音しましょう！

■ ねらい
ときめ　　（ 口腔機能維持 ）

楽しみかた

① 両腕を上に伸ばして，両手をパーにします。
② 口を大きくあけて「えーーーっ！（驚）」と発音しましょう！
③ 一休みして，４回繰り返します。

え
っ！

４回
繰り返す

みちお先生のケアポイント

・顔の横で両手をパーでしてもオッケーです！

笑いのテクニック
・おもいきってのけぞるような動きをすると，めちゃくちゃ楽しいです！

⑧ ワハハ体操

口を大きくあけて笑いましょう！

| ねらい
とききめ | 顔のストレッチ |

楽しみかた

① 口をあけて，「ワハハ」と笑います。
② 同様にして，「イヒヒ」「ウフフ」「エヘヘ」「オホホ」と笑います。
③ 一休みして，２回繰り返します。

ワハハ
イヒヒ
ウフフ
エヘヘ
オホホ

２回繰り返す

みちお先生のケアポイント

・声を出さずに，口だけの動きにしてもオッケーです！

笑いのテクニック
・笑うときに，おなかをかかえたり，ひざをたたいたりすると，より楽しくできます！

⑨ 舌体操①

舌先で内側からほほを押してみましょう！

ねらい と ききめ　　◯口腔機能維持

楽しみかた

① 口を閉じて内側から舌でほほを押します。

② 元に戻して，反対側も同様にします。

③ 最後に，口の中で舌を一周して終わります。

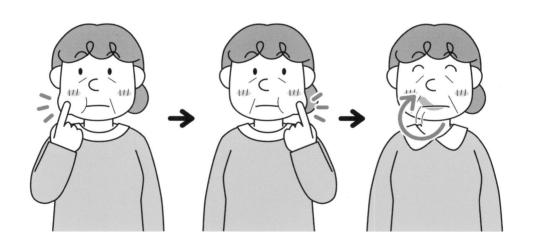

みちお先生のケアポイント

・あわてずに，1回ずつ，休み休みしましょう！

笑いのテクニック

・両手の人差し指をほっぺにつけてすると，笑えます！

⑩ 舌体操②

舌を出してできる限り伸ばしてみましょう！

**| ねらい
と ききめ**   口腔機能維持

楽しみかた

① 舌を出してしっかりと伸ばします。
② あご先に伸ばすイメージでしましょう！
③ 一休みして，４回繰り返します。

４回
繰り返す

みちお先生のケアポイント

・むずかしいときは，前に伸ばすだけでもオッケーです！

笑いのテクニック
・おもいきって「あっかん・ベー」の動作で，どうぞ！

⑪　上を向いて突き出して

顔を上げて，くちびるをしっかり前に突き出しましょう！

| ねらい
とききめ | 口周りの筋力維持 |

楽しみかた

① 　背筋を伸ばして，上を向きます。
② 　くちびるをしっかり前に突き出して，「うー」と発音しましょう！
③ 　一休みして，4回繰り返します。

うー

4回
繰り返す

みちお先生のケアポイント

・むずかしいときは，声を出さずに，くちびるを突き出すだけでもオッケーです！

笑いのテクニック
・目を大きく見開いてすると，おもしろい顔になります！

⑫ 顔面伸ばし

「おー」の口をして，目を見開きましょう！

ねらい
とききめ　◯ 口周りの筋力維持

楽しみかた

① 口をひらいて「おー」と発音します。
② 目をしっかり見開く意識でしましょう！
③ 一休みして，４回繰り返します。

お
ー

４回
繰り返す

みちお先生のケアポイント

・むずかしいときは，声を出さないで，「おー」の口をするだけでもオッケーです！

笑いのテクニック
・そのまま目線を上にすると，おもしろい顔で笑えます！

⑬ あっちこっちタッチ

支援者が顔のあちこちをタッチ，シニアはその動作につられないようにしましょう！

ねらいとききめ 〔顔の血行促進〕

楽しみかた

① 支援者とシニアは向かい合わせになります。

② 支援者とシニアは，両手で，鼻，ほほ，あご，耳のいずれかをさわります。

③ シニアは支援者と違う場所をさわる（同じ場所をさわらない）ようにしましょう！

ほほ！　鼻！

みちお先生のケアポイント

・はじめは，「同じところをさわる」ようにしてから，レベルアップして，「同じところをさわらない」ようにすると，スムーズです！

笑いのテクニック

・ほっぺたをふくらませたり，鼻の下を長く伸ばしたり，表情を変えてすると，楽しいです！

⑭ キリンの首伸ばし

キリンのように首を長く伸ばしましょう！

顔と首をほぐす

楽しみかた

① アゴをあげて，首を伸ばします。
② キリンになったつもりで，口をモグモグ動かしましょう！
③ 一休みして，4回繰り返します

モグ
モグ

4回
繰り返す

みちお先生のケアポイント

・肩の力を抜いて，リラックスしてしましょう！

笑いのテクニック
・手づかみで草を食べるような，ありえない仕草も入れちゃいましょう！

22

⑮ ブクブクうがい

うがいをするように，ほほをふくらませて口を「ブクブク」動かしましょう！

◤ ねらい
と ききめ　　(口腔機能維持)

楽しみかた

① 　うがいをするようなイメージで，ほほをふくらませたり，引っ込めたりします。

② 　同様にして，前歯と唇の間をふくらませたり，引っ込めたりします。

③ 　最後に，息をはいて，スッキリした顔で終わります。

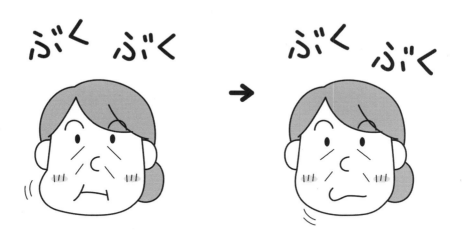

みちお先生のケアポイント

・なるべくほほの動きをゆっくりと大きくしましょう！

笑いのテクニック
・間違えて，うがいした水を「ごっくん」と飲んでしまうと，笑えます！

⑯ あけたら閉じて

目をあけたら口を閉じて，目を閉じたら口をあけましょう！

ねらい
とききめ　 顔をほぐす

楽しみかた

① パッチリと目をあけて，口を閉じます。
② 目を閉じて，口を大きくあけます。
③ はじめはゆっくりと，徐々にリズミカルに動作しましょう！

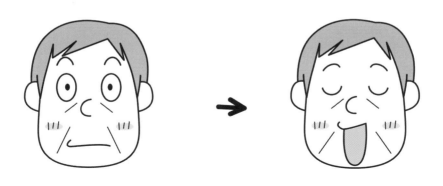

みちお先生のケアポイント

・むずかしいときは，目と口を同じ動き（目と口を閉じる）からスタート
しましょう！

笑いのテクニック
・途中で，鼻の下を長く伸ばしたり，白目になったりするとおもしろいで
す！

⑰ 大きなあいうえお

大げさなくらい口を大きくあけて発音しましょう！

▌ねらい
とききめ 　[顔をほぐす]

楽しみかた

① 　口を大きくあけて「あ・い・う・え・お」と発音します。

② 　顔全体を動かすつもりで，なるべく口を大きくあけましょう！

③ 　一休みして，4回繰り返します。

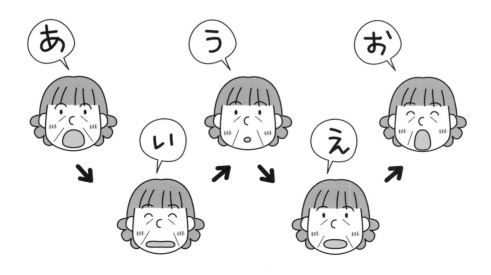

みちお先生のケアポイント

・声を出さずにしてもオッケーです！

笑いのテクニック
・「あっ！・いっ！・う！・えっ！・おーっ！」と，びっくりする感じで
言うと，笑えます！

⑱ 変顔ジャンケン

ジャンケンをして，いろんな表情を楽しみましょう！

▎**ねらい**
とききめ　(顔をほぐす)

楽しみかた

① 　シニアと支援者でジャンケンをします。
② 　1回負けたらうれしい顔，2回負けたらびっくり顔，3回負けたらすっぱい顔をします。
③ 　どちらかが3回負けたら，また最初から繰り返します。

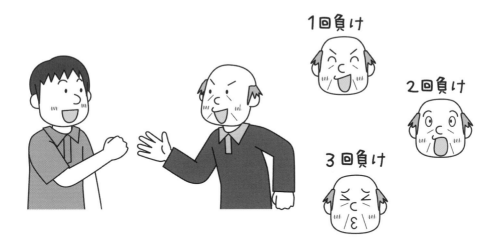

みちお先生のケアポイント

・むずかしいときは，（回数に関係なく）負けた人はニッコリ笑う，としてもオッケーです！

笑いのテクニック
・顔だけでなく手や足も使って表現すると，もっと楽しくできます！

⑲ ほっぺ体操

ゆっくりとていねいにほほをふくらませたり，しぼませたりしましょう！

▎ねらい
ときき゚め　　〔 顔の筋力維持 〕

楽しみかた

① 口を閉じて，ゆっくりとていねいにほほを内側からふくらせます。
② 同様にして，ほほをしぼませます。
③ 一休みして，４回繰り返します。

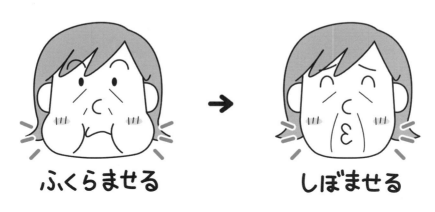

ふくらませる　　　　しぼませる

４回繰り返す

みちお先生のケアポイント

・肩と腕の力を抜いて，リラックスしてしましょう！

笑いのテクニック
・向かい合って，にらめっこ感覚でどうぞ！

⑳ ○○○の叫び

両手でほほをさわりながら，何か叫んでいるように口を上下にあけましょう！

ねらい
とききめ　　〔 顔をほぐす 〕

楽しみかた

① 　両手でほほをさわります。
② 　「おー」と言うつもりで，できるかぎり口を上下に大きくあけましょう！
③ 　一休みして，4回繰り返します。

4回繰り返す

みちお先生のケアポイント

・②を両手を軽く押し当てながらしましょう！

笑いのテクニック
・「何の顔をしているでしょう？」と問題にすると楽しいです！

コラム①

ある女性シニアから送られたドキドキのサイン

ボクは，体操をするときに，相手の目を見ます。

最低でも，ひとりにつき１回，目を合わせます。
参加者が 50 人いれば 50 回。２回見たら，100 回になります。

たまに目をそらす人もいますが，そういうときは，目の前まで行って，顔をのぞきこみます。さっきまで前にいたボクがすぐ目の前にいるので，びっくりされます。

そんな相手の反応を楽しみながら体操しています。

ところがある日，予想外の出来事が起きたのです。

いつものように，目を見ていると，ある女性シニアと目が合いました。

その女性シニアは，手で何かの形をつくっています。
なんとそれは，ハートの形ではありませんか！

あまりにも突然だったので，笑うしかできませんでした。

体操の最中に，ボクにハートのサインなんて，思わずドキドキしちゃいました。今度は，ボクからもしっかりとハートのサインのお返しをしようと，心に誓っています。

㉑ おしゃれ体操

ズボンをはいて，シャツに袖を通して，服に着替える動作をしましょう！

■ ねらい
ときがめ
〔 バランス力アップ 〕 〔 肩の柔軟性維持 〕

楽しみかた

① 片足ずつズボンに足を通して，ズボンをはくマネをします。
② シャツに袖を通して，ボタンをしめるマネをします。
③ 最後に髪型を整えるマネをして，自分の中で一番いい顔をしておしまいです。

みちお先生のケアポイント

・片足を上げたときに，バランスを崩さないように，ゆっくりとていねいに動作しましょう！

こうするといい！
・ほかにも，ネクタイをしめたり，スカーフをまいたり，いろいろなコーディネートを楽しみましょう！

㉒ 満員電車

つり革につかまり，満員電車に乗っているマネをしましょう！

❚ ねらい
ときめき　（柔軟性維持）

楽しみかた

① 片手を軽く握り，電車のつり革につかまるマネをします。
② いかにも満員電車に乗ってるように，体を前後左右に動かします。
③ 一休みして，手を替えて同様にしましょう！

手を替えて同様に

みちお先生のケアポイント

・むずかしいときは，軽く体を左右に揺らすだけでもオッケーです！

笑いのテクニック
・押されたり，足をふまれたりしたときの表情を入れると，よりリアルに
なります！

㉓ ものマネドッジボール

いかにもドッチボールをしているように，よける動作をしましょう！

| ねらい
とききめ | 反応力アップ |

楽しみかた

① 支援者とシニアは向かい合わせに座ります。
② 支援者はシニアにドッジボールを投げるマネをします。
③ シニアはボールをよける動作をします。シニアがじょうずにボールをかわしたら大成功です！

みちお先生のケアポイント

・支援者は肩から上を狙って投げるように動作すると，シニアはよけやすくなります。

笑いのテクニック
・ボールを投げるフリをして投げない，または，投げなさそうにして，いきなり投げるなどの動作を入れると楽しいです！

㉔ なんちゃって逆上がり

片足を前に出して，逆上がりをするマネをしましょう！

▎ねらい
とききめ　　（バランス力アップ）（足腰強化）

楽しみかた

① 両手を前に出して，鉄棒を握るマネをします。

② 逆上がりをする感じで，片足を前に出します。

③ 元に戻します。足を替えて同様にします。（左右交互に２回ずつ）

左右交互に２回ずつ

みちお先生のケアポイント

・バランスを崩さないように。あわてずに，ゆっくりとていねいに動作しましょう！

こうするといい！

・最後に，ニッコリ笑ってモリモリポーズをして終わりましょう！

㉕ 遠距離ジャンケン

ふたりの間隔を空けて，オーバーアクションでジャンケンしましょう！

ねらい
とききめ ┃ 肩の柔軟性維持

楽しみかた

① 支援者とシニアは5mから10mぐらい間隔を空けて座ります。

② 片腕を上に伸ばして，なるべく高い位置でジャンケンをします。

③ どちらかが先に3回勝ったらおしまいです。

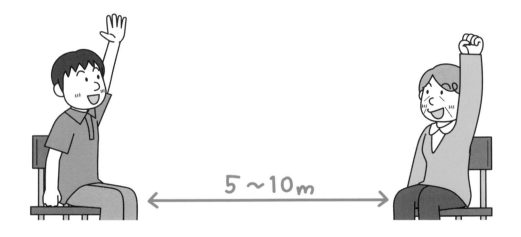

みちお先生のケアポイント

・部屋の広さに応じて，できる範囲ではなれてしましょう！

こうするといい！

・勝った人はバンザイを，負けた人はおじぎをするようにしても楽しいです！

㉖ オートバイ

オートバイを運転するつもりで，手足を意識して動かしましょう！

| ねらい と ききめ | バランス力アップ |

楽しみかた

① イスに浅く腰かけて，オートバイにまたがるつもりで足を開きます。

② 両腕を前に伸ばして，両手を軽く握り，ハンドルを握るマネをします。

③ 支援者は左右どちらかを指さし，シニアはその方向にカーブしましょう！

みちお先生のケアポイント

・いかにもオートバイに乗ってる感じで，どうぞ！

笑いのテクニック

・支援者は両手を前に出したらストップなど，新しいサインを追加してみましょう！

㉗ ３３７足拍子

３３７拍子を，拍手でなく足ぶみでしましょう！

ねらい
とききめ　◯足腰強化　◯リズム体感

楽しみかた

① ３３７拍子を足ぶみでします。
② 足ぶみを３歩，３歩，７歩の順でします。
③ 同様に繰り返して，最後は足をひらいてモリモリポーズをしておしまいです！

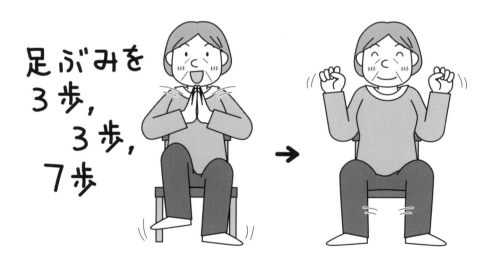

足ぶみを
３歩，
３歩，
７歩

みちお先生のケアポイント

・余裕があれば，手をたたきながら，手と足同時に動かしましょう！

笑いのテクニック
・支援者とシニアがいっしょにやって，ふたりのタイミングがバッチリ合うと，盛り上がります！

㉘ かんぱーい！

ビールジョッキを片手に，乾杯するマネをしましょう！

| ねらい
とききめ | 握力維持 | いい気分 |

楽しみかた

① 支援者はシニアと向かい合わせになります。
② 片手を前に出して，ニッコリ笑って，ビールジョッキで乾杯するマネをします。
③ とても美味しそうに飲み干したら最高です！　同様に反対の手でします。

みちお先生のケアポイント

・「かんぱーい！」と声を出して，または，口を動かすだけでもどちらでもオッケーです！

笑いのテクニック
・ビールジョッキのほかにも，ワイングラスやおちょこでも乾杯してみましょう！

㉙ ぱっとひらいて

両手を力いっぱい握って，一気に脱力しましょう！

| ねらい
とききめ | 握力維持　リラックス |

楽しみかた

① 足を肩幅にひらいて，両手をひざに置きます。
② 手のひらを上にして，両手を力いっぱいに握ります。
③ ぱっと両手をひらいて，脱力します。（４回繰り返し）

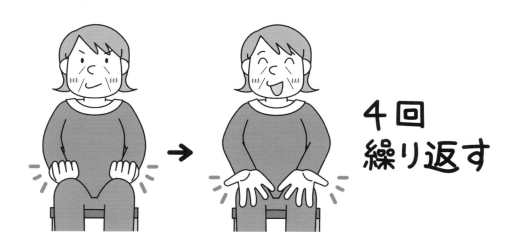

４回
繰り返す

みちお先生のケアポイント

・③のときに，両手を開いて一気に力を抜きましょう！

笑いのテクニック
・脱力したときに，口をぽか～んとあけて頭の中が空っぽのような表情で，どうぞ！

㉚ なりきりバレーボール

いかにもそれらしくバレーボールを連続トスするマネをしましょう！

▌ねらい
とききめ 〈 手先の器用さ維持 〉 〈 肩の柔軟性維持 〉

楽しみかた

① 両手をパーにして，おでこの前で構えます。
② ふたりでバレーボールを連続トスするマネをします。
③ 10回繰り返します。いかにもボールがあるような感じで動作しましょう！

10回
繰り返す

みちお先生のケアポイント

・できるかぎり全部の指をいっぱいにひらいてすると指のストレッチになります！

笑いのテクニック
・どちらかが打ったら，もうひとりはレシーブをするとおもしろいです！

㉛ 跳び箱体操

助走して，踏み切って，開脚跳びのマネをしましょう！

ねらい
とききめ 　（ 足腰強化 ）（ イメージ力アップ ）

楽しみかた

① 　跳び箱を跳ぶマネをします。
② 　3歩足ぶみ（助走）して，両足で踏み切り，両手をついて，足をひらきます。
③ 　最後は，両手をあげて，かっこよくポーズを決めましょう！

３歩

みちお先生のケアポイント

・むずかしいときは，少しひざを上げるだけでもオッケーです！

笑いのテクニック
・③のところで，わざとズッコケても笑いになります。

40

㉜ ケンケンパ

支援者の手拍子に合わせて，ケンケンパをしましょう！

| ねらい と ききめ | リズム体感 | 足腰強化 |

楽しみかた

① 支援者は「パン・パン・パン」と3回，手をたたきます。

② シニアはそのリズムに合わせて，「ケン・ケン・パ」をします。

③ 4回繰り返したら一休み。全部で4セットしましょう！

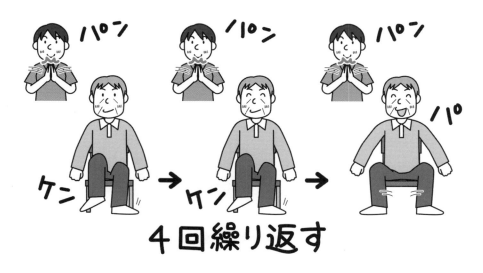

４回繰り返す

みちお先生のケアポイント

・むずかしいときは，「閉じる，閉じる，ひらく」としてもオッケーです！

こうするといい！

・最後に，「すばらしいですね」とほめておいて，「じゃあ，あと100回繰り返しましょう！」と言うと，思わず笑ってしまいます！

㉝ ハクチョウ歩き

ハクチョウのように羽ばたきながら足ぶみしましょう！

ねらいとききめ　しなやかさ維持　足腰強化

楽しみかた

① 両手を左右に広げます。
② ハクチョウの羽のように両手を上下に動かします。
③ （②と同時に）足ぶみを８歩します。一休みして，４回繰り返します。

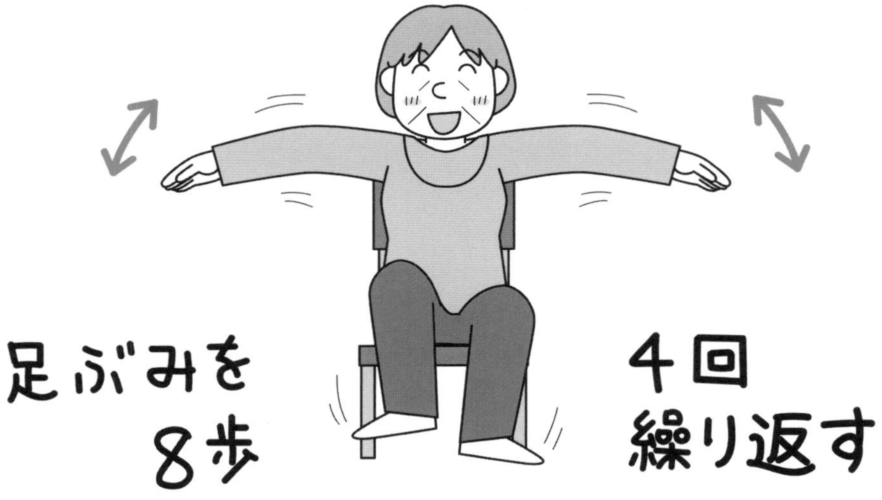

みちお先生のケアポイント

・ハクチョウの羽のように，手先をしなやかに大きく動かしましょう！

笑いのテクニック

・マジメな顔から一転して笑顔になると，おかしくて笑えます！

㉞ 空中つなわたり

つなわたりをしているように，両手を広げて一歩一歩集中して足ぶみしましょう！

ねらい
とききめ　　バランス力アップ

楽しみかた

① 　足を閉じて，両手を横に広げます。

② 　音を立てないように，ゆっくりと静かに足ぶみをします。

③ 　8歩して一休みします。（4回繰り返し）

足ぶみを8歩　　4回繰り返す

みちお先生のケアポイント

・むずかしいときは，足を少し開いてするとかんたんです！

笑いのテクニック

・わざとバランスを崩しかけては戻したり，見ている人がハラハラドキドキするような演技でしましょう！

㉟ 合わせて歩こう

支援者の手拍子の強弱やリズムに合わせて，足ぶみをしましょう！

■ ねらい
と ききめ (足腰強化) (反応力アップ)

楽しみかた

① 支援者の手拍子に合わせて，シニアは足ぶみをします。
② 支援者は拍手の強弱やリズムをランダムに変えてします。
③ シニアは支援者の拍手の調子に合わせて足ぶみをしましょう！

みちお先生のケアポイント

・はじめは，足ぶみしやすいテンポで練習しましょう！

こうするといい！
・支援者は，明るくニッコリ笑って手をたたくと，楽しく足ぶみできます！

44

36 ジャンケンダウン

ジャンケンをして負けたら，片手を徐々に下げていきましょう！

ねらい
とききめ (柔軟性維持)

楽しみかた

①　支援者とシニアは，片手を頭の上に置いてジャンケンをします。

②　1回負けたら肩，2回負けたらひざ，3回負けたら足首をさわります。

③　どちらかが先に4回（足首のところで）負けたら，リセットして再スタートします。

みちお先生のケアポイント

・はじめに，各部位をさわるだけの練習をしておくのも運動になります。

笑いのテクニック

・最後に，両手をひざについて，かっこよく「参りました！」と言うと，笑えます！

37 手足ブラブラ

手と足をいっしょにブラブラしましょう！

ねらいとききめ　血行促進　リラックス

楽しみかた

① 左手をブラブラして，右足をブラブラします。
② 右手をブラブラして，左足をブラブラします。
③ 最後に，両手と片足を同時にブラブラして終わります。

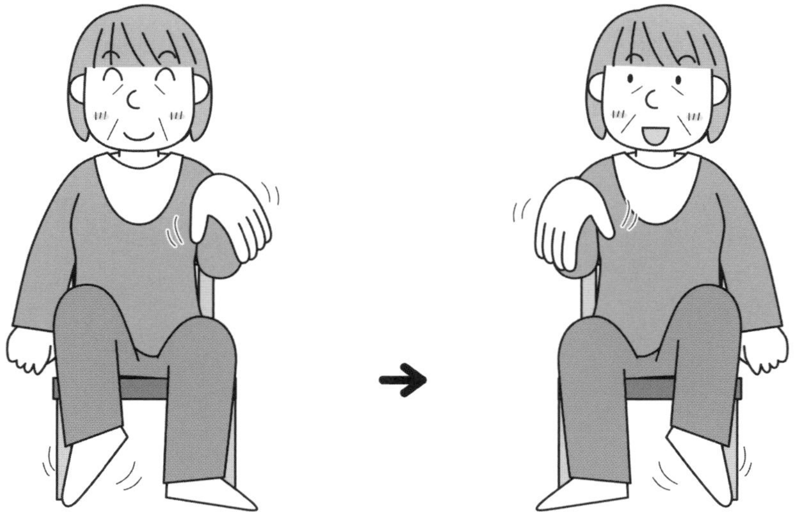

みちお先生のケアポイント

・肩と腕の力を抜いて，リラックスしてしましょう！

笑いのテクニック

・「ビリビリとしびれた〜」ような顔つきですると，笑いになります！

㊳ お茶を飲む

急須で湯飲み茶わんにお茶を入れて，お茶を飲む動作を再現しましょう！

▌ねらい
とききめ　　(イメージ力アップ)　(手先の器用さ維持)

楽しみかた

① 支援者は急須で湯飲み茶わんにお茶を入れてお茶を出すマネをします。

② シニアはていねいに湯飲み茶わんを両手で持ち，美味しそうにお茶を飲み干すマネをします。

③ 役割を交代して同様にします。

みちお先生のケアポイント

・目の前に，急須と湯飲み茶わんがあるのをイメージしてしましょう！

こうするといい！

・最後まで飲み干した，はずなのに，また飲む。これを何度か繰り返すと，笑いになります。

㊧ ぞうきんがけ体操

窓や机や床をぞうきんがけする動作をしましょう！

| ねらい
| ときめ   （肩の柔軟性維持）（手先の器用さ維持）

楽しみかた

① 片手を左右に動かして，ぞうきんで窓を拭く動作をします。
② 同様にして，机を拭きます。
③ 同様にして，床を拭きます。一休みして，手を替えて同様にします。

手を替えて
同様に

みちお先生のケアポイント

・なるべく手や腕を大きく動かすようにすると，運動効果がアップします。

笑いのテクニック
・ぞうきんをしぼったり，汗を手でぬぐったりする動作を入れると，より
　リアルで楽しくなります。

⑩ パンパン前

手を２回たたいたら，両腕を前にピンと伸ばしましょう！

▎ねらい
と ききめ 　〔 手や腕のストレッチ 〕〔 リズム体感 〕

楽しみかた

① 拍手を２回して両腕を前に伸ばします。
② 同様にして，両腕を，上に伸ばしたり，横に伸ばしたりします。
③ 支援者はランダムに動きを変えて，シニアはそれを見てマネをします。
間違えずにできたら大成功です！

みちお先生のケアポイント

・指先までピンと伸ばすようにすると，運動効果がアップします！

笑いのテクニック

・前に伸ばすと見せかけて上に伸ばしたりして，間違えを誘うと笑いになります！

コラム②

身近にある道具を運動に利用する

健康のために新しい運動器具を購入する。
いや，ちょっと待ってください！

その運動器具，ホントに必要ですか？
買ってもすぐに使わなくなったりしませんか？
もしも，身近にあるもので代用できるとしたらどうですか？

たとえば，新聞紙。新聞紙を両手で丸める。
これだけでも，指先の運動になります。
しかも，これにある条件をつけると，もっとおもしろくなります。

ある条件とは？

片手だけを使って新聞紙を丸める。
試しにトライしてみてください。
片手だけだとかなり大変です。
ところが，これがものすごく指の運動になります。

　新聞紙一枚は大きすぎる，というときには，半分の大きさにして
もオッケーです。心身レベルに合わせて，新聞紙の大きさを変える
といいです。
　どちらが小さく丸めることができるか？
　何人かで競い合っても楽しいです。

　こんなふうに，新聞紙で楽しく遊んでいるうちに，いつのまにか
体を動かすことができます。
　遊びは最強の運動です。
　ということで，次の章からは，新聞紙で遊びながら体を動かす，
「新聞紙体操」をご紹介します。

① 片手で丸める

新聞紙をひろげて，片手だけで丸めてみましょう！

▌ねらい
と**ききめ**　　（ 手先の器用さ維持 ）

楽しみかた

① 　（一枚の）半分の大きさの新聞紙を用意します。
② 　新聞紙の端（角）を持ちます。
③ 　片手だけで，できる限り小さく新聞紙を丸めてみましょう！

みちお先生のワンポイント

・むずかしいときは，ひざに新聞紙をあてながらしてもオッケーです！

こうするといい！
・余裕があれば，反対の手でもトライしましょう！

② 新聞紙パンチ

素早いパンチで新聞紙を打ち抜きましょう！

| ねらい
と**ききめ**   握力アップ

楽しみかた

① （一枚の）半分の大きさの新聞紙を用意します。
② 片手で新聞紙を持って，反対の手でパンチします。
③ 見事，新聞紙を打ち破いたら大成功です！

みちお先生のワンポイント

・支援者が新聞紙を持って，シニアがパンチをしてもオッケーです！

笑いのテクニック
・失敗も成功も楽しんで，どうぞ！

③ 足で破る

新聞紙をひろげて，足だけで破いてみましょう！

ねらい
とききめ ｜ 足腰強化

楽しみかた

① 新聞紙を一枚用意します。
② 新聞紙をひろげて足元に置きます。
③ 両足で新聞紙をふたつに破りましょう！

みちお先生のワンポイント

・スリッパよりも，くつ（うわばき）または，裸足のほうがやりやすいです！

こうするといい！
・1分間で，どれだけたくさん破けるか，としても楽しいです！

④ 折って折ってまた折って

新聞紙を半分に，また半分に，できる限り小さく折りたたみましょう！

▍ねらい
とききめ　（指の力維持）

楽しみかた

① （一枚の）半分の大きさの新聞紙を用意します。
② 新聞紙を半分に折ります。
③ また半分に折ります。同様に繰り返して，できる限り小さく折りたたみましょう！

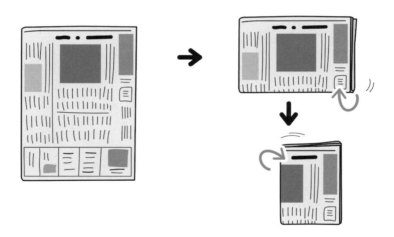

みちお先生のワンポイント

・机の上ですると折りたたみやすいです。（または，机がなくてもできます）

笑いのテクニック
・支援者とシニアで，どちらが小さく折りたためるか，競い合うのも楽しいです！

❺ 新聞紙トス

手のひらに新聞紙を乗せて，上に投げてキャッチしましょう！

ねらい
とききめ 〔 手先の器用さ維持 〕

楽しみかた

① 新聞紙を A4 の大きさにたたみます。
② 片方の手のひらに新聞紙を乗せます。
③ そうっと上に投げて，手のひらに乗せてキャッチしましょう！

みちお先生のワンポイント

・小さく投げる→かんたん，高く投げる→むずかしい，かんたんなことからはじめて徐々にレベルアップしましょう！

こうするといい！
・余裕があれば，同様に反対の手でもしましょう！

⬡6 モデルウォーク

新聞紙を頭の上に乗せて，落ちないように足ぶみしましょう！

■ ねらい
とききめ　〔 バランス感覚維持 〕

楽しみかた

① 新聞紙を A4 の大きさにたたみます。
② 新聞紙を頭の上に乗せます。
③ 新聞紙が落ちないように足ぶみしましょう！

みちお先生のワンポイント

・小さい足ぶみ→かんたん，大きな足ぶみ→むずかしい，かんたんなことからはじめて，徐々にレベルアップしましょう！

笑いのテクニック
・失敗（新聞紙を落とす）しても笑って，どうぞ！

⑦ 新聞白刃取り

支援者が振り下ろした新聞紙をシニアは両手で合わせてキャッチしましょう！

ねらい
ときめ　〔 集中力アップ 〕

楽しみかた

① 新聞紙を A4 の大きさにたたみます。

② 支援者とシニアは向かい合わせになります。

③ 支援者は刀を振り下ろすように，新聞紙を上から振り下ろします。シニアは両手で新聞紙をはさむようにして両手を合わせます（拝み取りする）。

みちお先生のワンポイント

・支援者はシニアのレベルに合わせて振り下ろすスピードを調整しましょう！

笑いのテクニック

・フェイント（振り下ろす，と見せかけて振り下ろさない）を仕掛けると楽しさ倍増です！

⑧ 背中でキャッチ

新聞紙を（背中の）後ろに落として, 片手でキャッチしましょう！

■ ねらい と ききめ 　 肩の柔軟性維持

楽しみかた

① 新聞紙を A4 の大きさにたたみます。
② 片手で新聞紙を持って, 頭の後ろから下に落とします。
③ 反対の手でキャッチできたら大成功です！

みちお先生のワンポイント

・上下の手を入れ替えて繰り返すと運動効果がアップします！

こうするといい！
・「おしい！」「もうちょっと！」といった支援者の声援がシニアのやる気を引き出します！

❾ 手のひらに立てる

新聞紙をたたんで，手のひらの上に立ててみましょう！

| ねらい
とききめ | 手先の器用さ維持 |

楽しみかた

① 新聞紙を A4 の大きさにたたみます。

② 片手を前に出して手のひらを上にします。

③ 手のひらの上に新聞紙を立てます。倒れないようにバランスを取りましょう！

みちお先生のワンポイント

・はじめは反対の手で新聞紙を支えながらします。慣れてきたら支えている手をはなしてみましょう！

こうするといい！

・余裕があれば，反対の手でもトライしてみましょう！

⑩ 新聞キャッチ

支援者が落とした新聞紙をシニアは片手でキャッチしましょう！

❚ ねらい
と ききめ 　　(集中力アップ)

楽しみかた

① 　新聞紙を A4 の大きさにたたみます。
② 　支援者とシニアは向かい合わせになります。
③ 　支援者が上（シニアの顔の高さ）から新聞紙を落とします。シニアは片手でキャッチします。うまくキャッチできたら大成功です！

みちお先生のワンポイント

・棒キャッチ（反射神経の測定）の要領で，遊び感覚でしましょう！

笑いのテクニック
・支援者とシニアで，キャッチする役を交代しても楽しいです！

おわりに

3秒で元気になるモリモリ体操

足をひらく。
両手を握る。
ひじを曲げる。
胸を張る。
モリ！　モリ！

ボクは，よくモリモリポーズをします。
体操のときだけでなく，あいさつがわりにもします。
ボクがモリモリすると，シニアも笑ってモリモリと返してくれます。
たったこれだけのことで，すぐに元気になります。

そして，笑いも生まれます。
さらに，気持ちも明るくなります。
モリモリポーズには，人を元気にする力があります。

その証拠に，こんな言葉があります。

「失敗したときほど，堂々と胸を張って歩く」

ある女子プロゴルファーの言葉です。

失敗したあとは，気分が落ち込みます。
けれども，それを態度や表情に出してはいけない。
そういうときこそ，堂々と胸を張る。
そうすれば，気分が落ち込むのを防ぐことができる。
ということです。

堂々と胸を張ることで，強い気持ちを維持する。
つまり，「**行動が気持ちにつながる**」のです。
まさしく，これです。

モリモリ体操をして元気になる。
全く同じことです。

元気になる体操。
まだほかにもあるのでご紹介します。

たとえば，ガッツポーズ。
こぶしを握ったり，こぶしを振り上げたりします。

または，ウキウキポーズ。
ひじを曲げて，ひじで体側をトントンします。

さらに，エイ・エイ・オー！
（説明不要だと思うので）あのエイ・エイ・オーです。

心は行動から。
元気はモリモリから。

シニアも支援者も，モリモリして元気になりましょう！

　令和５年４月
　　　　　　　　楽しい体操インストラクター　斎藤道雄

著者紹介

●斎藤道雄

体操講師，ムーヴメントクリエイター，体操アーティスト。

クオリティ・オブ・ライフ・ラボラトリー主宰。

自立から要介護シニアまでを対象とした体操支援のプロ・インストラクター。

体力，気力が低下しがちな要介護シニアにこそ，集団運動のプロ・インストラクターが必要と考え，運動の専門家を数多くの施設へ派遣。

「お年寄りのふだん見られない笑顔が見られて感動した」など，シニアご本人だけでなく，現場スタッフからも高い評価を得ている。

［お請けしている仕事］

○体操教師派遣（介護施設，幼稚園ほか）　○講演　○研修会　○人材育成　○執筆

［体操支援・おもな依頼先］

○養護老人ホーム長安寮

○有料老人ホーム敬老園（八千代台，東船橋，浜野）

○淑徳共生苑（特別養護老人ホーム，デイサービス）ほか

［講演・人材育成・おもな依頼先］

○世田谷区社会福祉事業団

○セントケア・ホールディングス（株）

○（株）オンアンドオン（リハビリ・デイたんぽぽ）ほか

［おもな著書］

○『思いっきり笑える！　要介護シニアも集中して楽しめる運動不足解消体操 40　付・お手玉体操 10』

○『思いっきり笑える！　シニアの介護予防体操 40　付・支援者がすぐに使える笑いのテクニック 10』

○『しゃべらなくても楽しい！　椅子に座ってできるシニアの 1，2 分間筋トレ体操 55』

○『しゃべらなくても楽しい！　シニアの筋力低下予防体操 40 ＋体操が楽しくなる！　魔法のテクニック 10』

○『しゃべらなくても楽しい！　シニアの笑顔で健康体操 40 ＋体操支援 10 のテクニック』

○『しゃべらなくても楽しい！　シニアの立っても座ってもできる運動不足解消健康体操 50』

○『しゃべらなくても楽しい！　シニアの若返り健康体操 50』

○『しゃべらなくても楽しい！　シニアの元気を引き出す健康体操 50』

○『超楽しい！　シニアの健康どうぶつ体操 50』

（以上，黎明書房）

［お問い合わせ］

ホームページ「要介護高齢者のための体操講師派遣」：http://qollab.online/

メール：qollab.saitoh@gmail.com

＊イラスト・さややん。

思いっきり笑える！　シニアの笑顔ストレッチ＆体ほぐし体操 40
付・新聞紙体操 10

2023 年 8 月 10 日　初版発行

著　者　斎　藤　道　雄
発行者　武　馬　久仁裕
印　刷　藤原印刷株式会社
製　本　協栄製本工業株式会社

発　行　所　　　　　　株式会社　黎　明　書　房

〒460-0002　名古屋市中区丸の内 3-6-27　EBS ビル　☎ 052-962-3045
FAX 052-951-9065　振替・00880-1-59001
〒101-0047　東京連絡所・千代田区内神田 1-12-12　美土代ビル 6 階
☎ 03-3268-3470

思いっきり笑える！　要介護シニアも集中して楽しめる運動不足解消体操40　付・お手玉体操10 斎藤道雄著　　　　　　　B5・63頁　1720円	しゃべらなくても楽しい体操で運動不足解消！シニアも支援者（おうちの方）も集中して楽しめる体操がいっぱいです。お手玉を使った体操も紹介。2色刷。
思いっきり笑える！　シニアの介護予防体操40　付・支援者がすぐに使える笑いのテクニック10 斎藤道雄著　　　　　　　B5・63頁　1720円	日常生活の動作も取り入れた体操40種と，体操をもっと面白くする支援者のための笑いのテクニックを10収録。立っていても座っていても出来て，道具も必要ないので安心。2色刷。
しゃべらなくても楽しい！　椅子に座ってできるシニアの1，2分間筋トレ体操55 斎藤道雄著　　　　　　　B5・68頁　1720円	椅子に掛けたまま声を出さずに誰もが楽しめる筋トレ体操を55種収録。生活に不可欠な力をつける体操が満載です。2色刷。『椅子に座ってできるシニアの1，2分間筋トレ体操55』を改訂。
しゃべらなくても楽しい！　シニアの筋力低下予防体操40＋体操が楽しくなる！　魔法のテクニック10 斎藤道雄著　　　　　　　B5・63頁　1700円	「ドアノブ回し」などの日常生活の動作も取り入れた，しゃべらずに座ったままできる楽しい体操40種と，体操をもっと効果的にする10のテクニックを紹介。シニアお一人でもできます。2色刷。
しゃべらなくても楽しい！　シニアの笑顔で健康体操40＋体操支援10のテクニック 斎藤道雄著　　　　　　　B5・63頁　1700円	「おさるさんだよ〜」をはじめ，思わず笑ってしまうほど楽しくて誰でも続けられる体操40種と，支援者のための10のテクニックを紹介。シニアお一人でもお使いいただけます。2色刷。
しゃべらなくても楽しい！　シニアの立っても座ってもできる運動不足解消健康体操50 斎藤道雄著　　　　　　　B5・63頁　1700円	立っても座ってもできるバラエティー豊かな体操で，楽しく運動不足解消！「かんぱーい！」「ふたりのキズナ」など，効果的な体操がいっぱい。シニアお一人でもお使いいただけます。2色刷。
しゃべらなくても楽しい！　認知症の人も一緒にできるリズム遊び・超かんたん体操・脳トレ遊び 斎藤道雄著　　　　　　　B5・64頁　1700円	①しゃべらない，②さわらない，③少人数を守って楽しく体や頭を動かせるレクが満載。『認知症の人も一緒に楽しめる！　リズム遊び・超かんたん体操・脳トレ遊び』をコロナ対応に改訂。2色刷。
しゃべらなくても楽しい！ シニアの若返り健康体操50 斎藤道雄著　　　　　　　B5・63頁　1700円	シニアの若さの秘訣は元気と笑顔！「ホップ・ステップ・ジャンプ」などの楽しい体操で，しゃべらずに座ったまま効果的に運動できます。シニアお一人でもお使いいただけます。2色刷。
しゃべらなくても楽しい！ シニアの元気を引き出す健康体操50 斎藤道雄著　　　　　　　B5・63頁　1700円	「感動のグーパー」「キラキラウォーク」などの愉快な体操が，シニアの元気を引き出します。声を出さずに座ったまま，楽しみながら健康づくり。シニアお一人でもお使いいただけます。2色刷。

表示価格は本体価格です。別途消費税がかかります。

■ホームページでは，新刊案内など，小社刊行物の詳細な情報を提供しております。「総合目録」もダウンロードできます。
http://www.reimei-shobo.com/